DE L'ADMISSION ABUSIVE

DES

PRÉSOMPTIONS DE L'HOMME

EN MATIÈRE

D'ENREGISTREMENT

> Il est indispensable de lier la redevance à
> la cause juridique qui l'a produite, à la rela-
> tion civile dont elle est l'expression. De là
> pour le fisc, la nécessité de s'élever jusqu'aux
> régions les plus abstraites du droit civil.
>
> TROPLONG

PAR

FERNAND LE GENDRE

DOCTEUR EN DROIT
AVOCAT A LA COUR D'APPEL DE PARIS

PARIS

LIBRAIRIE DE LA SOCIÉTÉ DU RECUEIL GÉNÉRAL DES LOIS ET DES ARRÊTS
ET DU JOURNAL DU PALAIS
Ancienne Maison L. LAROSE & FORCEL
22, rue Soufflot, 22
L. LAROSE, Directeur de la Librairie
1897

DE L'ADMISSION ABUSIVE

DES

PRÉSOMPTIONS DE L'HOMME

EN MATIÈRE

D'ENREGISTREMENT

IMPRIMERIE
CONTANT-LAGUERRE

BAR-LE-DUC

DE L'ADMISSION ABUSIVE

DES

PRÉSOMPTIONS DE L'HOMME

EN MATIÈRE

D'ENREGISTREMENT

> Il est indispensable de lier la redevance à la cause juridique qui l'a produite, à la relation civile dont elle est l'expression. De là pour le fisc, la nécessité de s'élever jusqu'aux régions les plus abstraites du droit civil.
>
> |TROPLONG.

PAR

FERNAND LE GENDRE

DOCTEUR EN DROIT
AVOCAT A LA COUR D'APPEL DE PARIS

PARIS

LIBRAIRIE DE LA SOCIÉTÉ DU RECUEIL GÉNÉRAL DES LOIS ET DES ARRÊTS
ET DU JOURNAL DU PALAIS
Ancienne Maison L. LAROSE & FORCEL
22, rue Soufflot, 22
L. LAROSE, Directeur de la Librairie
1897

PRÉSOMPTIONS DE L'HOMME

EN MATIÈRE

D'ENREGISTREMENT

Dans sa lutte contre les contribuables, l'Administration de l'Enregistrement prend volontiers l'attitude d'un créancier malheureux qui, devant déjouer les manœuvres imaginées par beaucoup de ses débiteurs, pour se soustraire au paiement de l'impôt, et atteindre les transmissions opérées, malgré la résistance des intéressés à les publier, éprouve des pertes considérables sur de nombreux chefs de perception.

La vérité, au contraire, est que, si l'on n'y prend garde, cette Administration, obtenant de la Cour de cassation, avec une habileté consommée, des arrêts doctrinaux insensiblement, mais savamment gradués, en arrive à organiser à son profit, au point de vue des principes généraux, et en dehors même de la législation purement fiscale, un droit spécial, tendancieux, destiné à son usage particulier, et qui n'a aucune base dans les textes du droit commun. La facilité avec laquelle les tribunaux de première instance — juges souverains en cette matière — valident trop souvent ses réclamations, les nécessités budgétaires sans cesse croissantes, qui donnent naissance à des chefs de réclamations de plus en plus tourmentés et cherchés, créent pour les contribuables un véritable péril, qui va s'augmentant avec une très grande rapidité, et qu'il est urgent de combattre résolument et ouvertement.

Ici, notre désir est d'examiner très brièvement un point spécial, qui présente d'ailleurs un grand intérêt — comme toutes les questions touchant à l'administration des preuves. Nous voudrions essayer de démontrer, — à propos d'une nouvelle évolution de la jurisprudence, qui nous semble en aggraver les inconvénients — combien devient abusive la facilité avec laquelle l'Administration de l'Enregistrement est maintenant admise à invoquer les seules présomptions de l'homme, pour faire la preuve des faits juridiques qui servent de base et de cause aux perceptions fiscales.

I

On connaît le système adopté par le Code civil en matière de présomptions de l'homme ou de fait.

Le législateur, — reconnaissant le caractère dangereux « de ces preuves conjecturales, et par conséquent toujours « plus ou moins incertaines..., de ces preuves qu'on a appe-« lée artificielles, et dont Denizart disait qu'elles ne sont in-« ventées qu'à force d'y rêver » [1], de ces preuves uniquement « circonstancielles », comme les appelait Bentham, qui n'offrent au Magistrat ni la garantie de la personnalité, comme l'aveu, ni l'évidence de la matérialité, comme l'écrit, — a déclaré, dans l'art. 1353, C. civ., que les présomptions ne doivent être admises par le juge qu'avec beaucoup de réserve, à la condition que celles relevées dans chaque espèce soient particulièrement graves, et seulement dans les deux hypothèses suivantes :

1° Dans les cas où la preuve testimoniale serait elle-même autorisée ;

2° Dans les cas de fraude ou de dol.

Art. 1353, C. civ. : « *Les présomptions qui ne sont point* « *établies par la loi, sont abandonnées aux lumières et à la* « *prudence du magistrat, qui ne doit admettre que des pré-* « *somptions graves, précises et concordantes, et dans les cas*

---

(1) Demolombe, t. XXX, p. 231.

« *seulement où la loi admet les preuves testimoniales, à*
« *moins que l'acte ne soit attaqué pour cause de fraude ou*
« *de dol* ».

Or, les cas dans lesquels la preuve testimoniale est elle-même admissible sont, rappelons-le d'un mot, les suivants :

1° Quand il s'agit de prouver un *fait juridique* dont la valeur n'est pas supérieure à 150 francs, ou les circonstances de ce fait juridique, non précisées par écrit (art. 1341 C. civ.);

2° Quand il existe *un commencement de preuve par écrit,* tel que l'art. 1347, C. civ., le définit;

3° Quand il s'agit de prouver *un pur fait* n'ayant entraîné ni création, ni transfert, ni modification, ni confirmation, ni reconnaissance ou extinction d'un droit ou d'une obligation, par exemple un simple *fait matériel,* ou une circonstance d'ordre physique;

4° Lorsque la rédaction d'un écrit n'a pas été possible (art. 1348 C. civ.).

Rien ne paraît plus simple que cette règle théorique, et son application régulière en toutes matières, générales ou spéciales, comme la matière de l'enregistrement, semblerait devoir aller de soi. D'une part, paraît-il, les présomptions de fait seront admissibles, toutes les fois que l'Administration les invoquera pour prouver des manœuvres *frauduleuses* ou dolosives ayant eu pour but de masquer la base d'une perception. D'autre part, l'admission des mêmes présomptions devra encore être autorisée toutes les fois que l'administration de la preuve testimoniale pourrait elle-même intervenir — mais alors seulement.

Or, si les tribunaux appliquent exactement la partie

positive de cette prescription légale, ils tiennent beaucoup
moins fermement la main à l'observation de sa partie
négative et prohibitive. La jurisprudence, en effet, qui
accueille les présomptions de fait ou de l'homme pour
démontrer la fraude ou le dol, a le tort, *en dehors de ces
cas,* de les admettre aussi, *alors même que l'administration
de la preuve testimoniale ne pourrait pas intervenir.* C'est
là une illégalité flagrante.

II

Dans les cas de fraude ou de dol, il n'est que juste de
faciliter à la Régie des perceptions légalement basées [1].
La Cour de cassation a toujours déclaré, dans des hypothèses de ce genre, que les manœuvres ou les supercheries
diverses imaginées par les contribuables, ne sauraient les
exempter de l'impôt, toutes les fois que ces manœuvres ou
supercheries résultent d'un ensemble de faits, documents
ou circonstances, relevés par la Régie, et rendant présu-
mables les mutations dissimulées, ou encore de documents
même extrinsèques à des actes passés, et rendant probables
les mutations dissimulées (Req. 27 mars 1855, D. P. 1855.
1.67; Req. 30 mars 1855, D. P. 1855.1.130; Req. 29 déc.
1857, D. P. 1858.1.133; 16 juill. 1860, D. P. 1861.1.62; 9

---

(1) « Il faut, disait Duchâtel au conseil des Cinq-cents, en présentant
« la loi du 22 frimaire an VII, assurer le recouvrement des droits par
« des moyens auxquels l'abus et la fraude ne puissent échapper. »

juill. 1861, D. P. 1861.1.322 ; Civ. rej. 17 août 1863, D. P.
1863.1.474 ; Req. 17 janv. 1866, S. 1866.1.121). Il ne suffit
pas, bien entendu, que l'administration établisse un préju-
dice à elle causé, si les parties n'ont fait qu'user d'un droit
certain. Il faut qu'il y ait fraude (Cass., 6 août 1834, *J.
du Palais, collect. chronolog.*). On devrait toujours exiger
d'ailleurs des indications positives, *liées à la personnalité*
même des parties (Civ. cass. et Civ. rej., 13 mars 1860, D.
P. 1860.1.118) [1].

De même, dans tous les cas où la preuve testimoniale
serait admissible, soit parce qu'il s'agit d'un simple *fait
matériel,* ayant créé ou confirmé une cause de perception
— comme un encaissement ou un détournement d'écus,
— soit parce qu'il s'agit de prouver la *réalité seule* de
l'existence d'un document quelconque (contre-lettre, acte,
procès-verbal, traité, procuration), soit parce qu'on possède
contre les parties un commencement de preuve par écrit,
répondant aux exigences de l'art. 1347, C. civ., — c'est-à-
dire émané des intéressés eux-mêmes, ou de leurs auteurs, ou dressé avec leur participation, et qui leur soit
par suite opposable, les présomptions de fait sont encore
admissibles, et on ne saurait refuser à l'Administration

---

(1) On peut d'ailleurs regretter la facilité avec laquelle la Cour de cassation présuppose souvent l'existence de la fraude, alors qu'elle n'est rien
moins qu'établie. Cette observation s'applique surtout à propos des déna-
turations de contrats (Cf. Req. 20 mars 1855, D. P. 1855.1.130). On oublie
souvent que les arguments qui se trouvent en opposition avec les faits
que constate un acte authentique ne devraient être proposés que par voie
d'inscription de faux (Aubry et Rau, t. VIII, 4° édit., p. 355 ; Larombière,
V, art. 1348, n° 15 ; Toullier, t. IX, n°ˢ 175 et 176).

de l'Enregistrement le droit de les mettre en œuvre [1]
(V. Civ. cass., 29 févr. 1860, D. P. 1860.1.139; Req. 31
déc. 1862, D. P. 1863.1.217; Civ. cass., 10 févr. 1864,
D. P. 1864.1.85; Civ. rej. 28 déc. 1864, D. P. 1865.1.71;
Req. 16 août 1866, D. P. 1866.1.400; Civ. cass., 23 janv.
1867, D. P. 1867.1.164; Ch. réunies, 16 janv. 1872, D. P.
1872.1.103; Civ. cass., 30 mars 1870, D. P. 1870.1.447,
et les conclusions de M. l'Avocat général Blanche, ainsi
que la note; Req. 21 mai 1873, D. P. 1873.1.356; Civ.
rej. 29 déc. 1879, D. P. 1880.1.73; Req. 18 mars 1889,
Sirey, 1890.1.232; Req. 14 mai 1889, Sirey, 1890.1.274;
Req. 20 juill. 1896, Garnier périodique, n° 8823. Cf. Ver-
sailles, 22 avr. 1858, *Journal de l'Enregistrement*, n°
16736).

Mais la Cour de cassation va plus loin. Elle sanctionne
à tort de sa haute autorité l'admission par les tribunaux de
première instance de présomptions de fait, lorsque ces présomptions ne reposent sur aucun document, ou s'appuyent
sur des actes n'émanant pas *nécessairement* des parties, et
qui ne sauraient par conséquent constituer un commencement de preuve par écrit, aux termes de l'art. 1347, C. civ.
(V. Req. 24 mars 1846, S. 1846.1.318; Civ. cass., 10 févr.
1864, D. P. 1864.1.84; Civ. cass., 16 nov. 1870, D. P. 1871.

---

(1) On remarquera cependant que dans certains de ces arrêts (31
déc. 1862, 28 déc. 1864, 16 août 1866, 23 janv. 1867), la Cour évite
de qualifier de *présomptions* les *inductions* à l'aide desquelles elle fonde ses
décisions. L'Administration de l'Enregistrement en a fait elle-même la
remarque, dans une espèce célèbre où elle alléguait cependant l'existence d'une manœuvre *frauduleuse* (*Journ. Enregistrement,* année 1883,
p. 476).

1.233 [1]; Civ. cass., 27 juin 1883, D. P. 1884.1.239; S. 1885.1.33; Civ. cass., 20 nov. 1889, D. P. 1890.1.201, S. 1890.1.353; Cass., 19 juill. 1892, S. 1892.1.533).

III

La Cour de cassation, chargée de relever les violations de textes commises par les tribunaux ordinaires, semble bien couvrir, au contraire, sur ce point, une violation du Code civil. Comment cette jurisprudence est-elle motivée? Peut-on donc invoquer soit des textes spéciaux, qui permettent de déroger, en matière fiscale, aux règles générales et au droit commun en matière de preuve, soit des motifs particuliers non donnés par la Cour, mais possibles à suppléer? C'est ce qu'il importe d'examiner.

Remarquons d'abord que la Cour de cassation avait antérieurement établi une doctrine plus juridique par un arrêt de la Chambre civile du 19 mars 1862 (D. P. 1862.1.223). Dans la procédure qui aboutit à cette décision, ce fut alors l'Administration de l'Enregistrement

---

(1) La solution de cet arrêt ne serait pas inexacte au point de vue de la décision rendue dans l'espèce même, car il paraît bien qu'il y avait seulement débat sur un *pur fait*. Mais la Cour, dans la première partie de sa décision, a cru devoir poser en thèse l'admissibilité de présomptions, même basées sur des documents *étrangers* aux parties. De ce chef l'arrêt paraît bien être juridiquement critiquable, quoi qu'en ait pensé un arrêtiste (V. Dalloz Pér. 1871.1.233), qui va jusqu'à écrire que la loi fiscale étant muette sur le genre de preuves à administrer, le législateur a entendu *abandonner la solution des difficultés à la jurisprudence.*

qui attaqua un jugement ayant accueilli des *présomptions*,
alors que la *preuve testimoniale* n'était pas admissible.
La Cour de cassation, par une saine application des
principes du droit commun, accueillit le pourvoi de
l'Administration et annula le jugement attaqué comme
« ayant introduit dans la cause un genre de preuve en
« opposition directe avec les prescriptions de la légis-
« lation fiscale et de la législation civile ».

La Cour de cassation n'entendait pas dire par là que
les présomptions étaient inadmissibles *en principe et dans
tous les cas*, en matière d'enregistrement. La Chambre
des requêtes d'abord, la Chambre civile ensuite ont au
contraire, en présence des hésitations qui s'étaient ma-
nifestées au sujet de l'admission de la *preuve testimoniale*
en notre matière[1], été amenées à poser ouvertement la
règle suivant laquelle les présomptions graves, précises
et concordantes sont *en principe,* et par exception à la règle
ordinaire[2], admissibles en matière fiscale, bien que la
preuve testimoniale ne le soit pas (Req. 24 mars 1846,
S. 1846.1.318[3] ; Civ. cass., 27 juin 1883, D. P. 1884.1.239.
Cf. jugement cassé du tribunal de Caen du 6 mai 1881,

---

(1) V. *infrà*, p. 15.

(2) Demolombe, t. XXX, n° 240 : « Dans tous les cas où la preuve testi-
« moniale est inadmissible, sont également inadmissibles les présomptions.
« L'économie générale de notre législation civile, en matière de preuve,
« exigeait nécessairement qu'il en fût ainsi ».

(3) Dalloz (D. P. 46.1. p. 321, note 1 ; p. 322, notes 1 et 2) soutient
que le texte exact de cet arrêt ne contient aucune déclaration de ce genre.
Mais il est difficile de ne pas accepter le texte tel qu'il est reproduit par
tous les autres recueils de jurisprudence, généraux ou spéciaux.

eod. loc., et aussi Saint-Omer, 27 août 1863, Narbonne, 3 déc. 1874, *J. E.* n°ˢ 17889 et 19965) [1].

Mais de ce que les présomptions de l'homme sont admissibles, *en principe*, à l'appui ou à l'encontre des prétentions de la Régie, s'ensuit-il qu'il faille autoriser leur admission *dans tous les cas*, sans distinction, et en dehors des hypothèses où le Code civil les admet exceptionnellement, notamment sans commencement de preuve par écrit répondant aux exigences de l'art. 1347? Évidemment non, et c'est là une erreur juridique, dangereuse surtout pour les contribuables, contre laquelle on ne saurait trop protester.

Cette erreur semble provenir d'une méprise. Il n'est pas contestable, ni contesté maintenant, que la *preuve testimoniale* est inadmissible en matière d'enregistrement. La jurisprudence a fixé depuis longtemps ce point avec précision. Contrairement à l'opinion exprimée incidemment dans l'arrêt, rapporté ci-dessus, du 24 mars 1846 (S. 1846. 1. 318) par la Chambre des requêtes, qui allait jusqu'à permettre à la Régie la preuve par *commune renommée*, la Chambre civile a décidé, au contraire, par un arrêt, dont la doctrine a fixé définitivement la jurisprudence (Civ. cass.,

---

(1) Il est permis de regretter que la Chambre des Requêtes, par un revirement momentané, assez fréquent dans ces délicates questions de droit fiscal, soit revenue postérieurement sur sa doctrine, dans un arrêt du 27 mai 1868 (D. P. 69.1.146), posant en principe que les présomptions ne sont pas admissibles pour combattre les déclarations des contribuables, alors même que celles-ci seraient manifestement fausses, donc *frauduleuses*. Les nombreux arrêts que nous avons visés ci-dessus permettent de considérer cette décision comme une solution d'espèce, dont la formule est sans portée.

29 févr. 1860, D. P. 1860.1.139 ; Cf. la note) et qui a été accepté unanimement [1] « que la preuve testimoniale, et la « procédure qu'elle comporte, sont incompatibles avec l'é- « conomie de la loi fiscale, et avec les formes prescrites en « cette matière par les art. 65 de la loi du 22 frimaire an VII « et 17 de celle du 27 ventôse an IX, auxquelles il n'a été fait « exception que dans des cas particuliers, dans lesquels ne « rentrent pas ceux sur lesquels a statué la loi du 22 frimaire « an VII ». « Il n'a pas été dans l'intention de la loi, a fort « bien dit la Cour, plus qu'il n'est dans son texte, de per- « mettre à la Régie de se livrer à des recherches par voie « d'enquêtes, et de pénétrer ainsi dans l'intérieur et le « secret des familles, à l'aide de preuves testimoniales « toujours dangereuses et de nature à y jeter l'inquiétude et « le trouble ».

Cela étant, il est arrivé que des contribuables ont soutenu que, la preuve testimoniale étant inadmissible en matière d'enregistrement, l'admission des présomptions, intimement liée à elle, ne pouvait pas non plus être autorisée. Ceci n'était qu'un sophisme. On oubliait, en effet, que c'était *en la forme* et par suite de difficultés *extrinsèques,* que l'administration de la preuve testimoniale était *matériellement* (et non *juridiquement*) impossible en matière d'enregistrement. Par conséquent, rien ne doit s'opposer à ce qu'il en soit autrement des présomptions, dont l'admission, très compatible avec une instruction purement écrite,

---

(1) Cf. Merlin, *Rép.,* v° *Fraude,* p. 387 ; Championnière et Rigaud, supp. au *Traité de l'enregistrement,* n° 1084 ; Demante, *Principes de l'enregistrement,* n° 767.

ne présente pas les mêmes inconvénients *en la forme*. Aussi la Cour de cassation a-t-elle déclaré sans hésitation *que les présomptions étaient admissibles en matière d'enregistrement en tant que moyens de preuve.* De là on en est venu à dire que les présomptions *étaient toujours admissibles en matière d'enregistrement.* On négligea d'ajouter le correctif indispensable pour rester dans la légalité : — *toutes les fois que la preuve testimoniale le serait elle-même.* Les uns négligèrent cette adjonction parce qu'ils crurent définitivement tranché, en cette matière, le lien unissant l'administration des deux genres de preuves, les autres par inadvertance, et que prenant au pied de la lettre le texte concis de certains arrêts, dont aucun ne prit soin de préciser que l'inadmissibilité *en la forme* de la preuve testimoniale n'était pas un motif pour ne pas prendre, dans chaque espèce, son admissibilité *au fond* comme *criterium* de l'admissibilité des présomptions, ainsi que l'exige le Code civil.

Quoi qu'il en soit, on écrivit couramment qu'en matière d'enregistrement les présomptions étaient admissibles, et la jurisprudence les admit sans distinction, basées le plus souvent sur les documents les plus étrangers aux parties.

IV

Le malheur est que la Régie, ayant intérêt à accepter ainsi les choses, ne se fait pas faute d'écrire maintenant dans ses mémoires que le juge peut appuyer sa conviction sur des présomptions simples, sans démontrer d'abord la possibilité de leur admission dans chaque espèce, par rapprochement avec l'admissibilité conditionnelle de la preuve testimoniale.

Il est certain que la Régie fait ainsi admettre des mutations ou des faits juridiques qu'elle serait dans l'impossibilité, de démontrer juridiquement. Il y a déjà là une illégalité de tous points regrettable pour le jurisconsulte, et très préjudiciable aux intérêts des contribuables. Mais ce n'est pas tout. Cette illégalité en entraîne une autre, plus regrettable encore, consistant à permettre à la Régie, qui sait admirablement tirer parti des décisions rendues en sa faveur, d'arriver à rien moins qu'à la suppression de l'application de la prescription biennale, toutes les fois que celle-ci pourrait paralyser une perception.

Prenons un exemple tiré de la jurisprudence la plus récente [1]. Un contribuable se voit réclamer un droit proportionnel, rendu exigible par l'accomplissement démontré d'une condition suspensive. L'Administration, qui avait eu, trois ans avant sa réclamation, à enregistrer un jugement prouvant complètement cet accomplissement, formula sa demande tardivement, de sorte que le contribuable opposa la prescription biennale.

Que fit l'Administration ? Tous ses efforts tendirent, pendant l'instruction écrite, à démontrer que la cause de sa réclamation était, non pas l'acte écrit et authentique, lui ayant pourtant révélé l'accomplissement de la condition, à n'en pas douter, mais un ensemble de présomptions,

______

(1) Sirey, 1896, I, p. 530 en sous-note (a), jugement du tribunal de Boulogne-sur-Mer du 10 janvier 1896.

consistant partiellement, il est vrai, dans l'acte précité, et qui démontraient *à elles seules,* suivant elle, le bien fondé de sa réclamation.

On voit le but poursuivi. Tandis qu'un acte écrit, ayant une date précise, constitue une *preuve* mettant la Régie en demeure d'agir rapidement, sous peine de prescription, combien il est plus commode d'invoquer comme moyen de preuve, des présomptions qui, même précises, n'ont dans leur ensemble, ni fixité ni date ferme dans le temps! Avec le système des présomptions, plus de prescription biennale à redouter, puisqu'il n'y a plus de point de départ déterminable de cette prescription. Il suffit à la Régie de soutenir que les actes produits ne fournissent qu'une combinaison de simples indices et non une preuve entière, et son succès est assuré. On doit vivement regretter que de semblables manœuvres aient parfois été couronnées de succès, malgré le contrôle de la Cour de cassation (Cf. Civ. cass., 3 mars 1851, 9 déc. 1868, 2 déc. 1873, Req. 3 déc. 1878, D. P. 1851.1.20; 1869.1.109; 1874.1.109; 1879.1.156).

On sait, d'autre part, que la Cour de cassation, revenant sur une jurisprudence antérieure, paraît décider maintenant que la prescription biennale commence à courir du jour où la Régie a eu en mains la *preuve* du fait juridique engendrant une perception, alors même que le document faisant preuve n'est pas le *titre* de ce fait juridique (Civ. cass., 27 déc. 1892, S. 1893.1.209; Civ. cass., 16 janv. 1894, D. P. 1894.1.247, S. 1895.1.97 et 102; Civ. cass., 30 janv. 1895, S. 1896.1.529, et les savantes notes de M. le professeur Wahl sur le revirement et les incertitudes de cette jurisprudence. Cf. Limoges, 13 juin 1895, *Garnier pér.*, n° 8659).

Cette nouvelle jurisprudence augmente encore les inconvénients de l'admission abusive des présomptions : dans le but d'échapper à la prescription biennale qui va trouver ainsi une application de plus en plus fréquente, l'Administration sacrifiera les moyens de preuve les plus décisifs à sa portée, pour s'en tenir à des présomptions sans assiette fixe dans le temps, que le juge sera d'autant plus tenté d'admettre facilement, que sa conviction intime s'appuyera fortement sur des preuves écrites du caractère le plus sérieux, laissées de côté en apparence — et pour cause — mais qu'on aura soin de mettre vigoureusement en relief dans les mémoires ampliatifs.

Quand elle leur est dévoilée, les tribunaux condamnent heureusement cette manœuvre imaginée et fréquemment pratiquée par la Régie. Dans l'instance récente, dont nous visions plus haut les faits, la Régie avait adressé au contribuable un avertissement initial, dans lequel elle déclarait que la preuve de l'accomplissement de la condition suspensive donnant lieu à perception, résidait tout entière dans un jugement qu'elle visait. Aussitôt que l'Administration se vit opposer la prescription biennale elle changea complètement son système d'attaque et transforma le document d'abord visé en un simple élément de présomption. Malheureusement pour elle, le tribunal saisi, éclairé sur les motifs de ce changement d'attitude, se refusa à la couronner du succès qu'on en attendait [1], et la Régie

---

(1) V. le jugement précité du tribunal de Boulogne-sur-Mer (Sirey, 1896, page 530, en sous-note (a)).

s'abstint de former un pourvoi en cassation dans une affaire où elle avait eu le tort d'exposer trop ouvertement une tactique qui, mal connue, réussit souvent à tromper la religion des tribunaux de première instance.

V

Après avoir insisté sur ces graves inconvénients de l'admission abusive des présomptions de fait en matière d'enregistrement, revenons à la critique juridique de la jurisprudence.

On peut s'étonner de la brièveté des motifs donnés par la Cour de cassation, lorsqu'elle a rendu les arrêts ci-dessus visés.

Dans l'espèce qui a donné lieu à l'arrêt du 10 février 1864 (D. P. 1864.1.84; S. 1864.1.135), les premiers juges avaient remarquablement précisé que les *déclarations*, invoquées par la Régie, émanant pour partie de *tiers*, il était juridiquement impossible d'asseoir des présomptions sur ce fondement. Pour contredire cette décision, la Cour suprême, employant un raisonnement absolument spécieux, a cru pouvoir affirmer au contraire que ces déclarations étaient opposables aux parties parce qu'elles avaient été faites *conformément à la loi!* Quelle loi? Il s'agissait d'un texte spécial relatif au mode d'estimation des actions de société. On se demande en quoi, parce qu'elles étaient faites en conformité de ce texte particulier, les déclarations devenaient une base possible de présomptions, alors que les règles posées par l'art. 1347, C. civ., en matière de commencement de preuve par écrit, n'étaient qu'imparfaitement vérifiées dans la cause. La Cour se borne à une affirmation théorique qu'il est bien difficile d'accepter purement et simplement.

Même procédé dans la partie doctrinale de l'arrêt du 16 novembre 1870 (D. P. 1871.1.233). Après avoir rappelé que certains modes de preuve, tels que l'enquête et la preuve testimoniale, sont contraires au texte et à l'esprit de la loi fiscale, la Cour déclare que la preuve peut résulter en cette matière, à défaut d'actes écrits, de présomptions tirées de *tous les documents* qui parviennent à la connaissance de l'Administration, alors même que les intéressés *y seraient complètement étrangers,* comme elle le constate dans l'espèce jugée. A moins d'admettre avec l'arrêtiste que la jurisprudence règle souverainement les règles sur la preuve en cette matière — opinion de tous points inadmissible — il faut bien remarquer que les principes du droit commun sont absolument violés par de telles affirmations gratuites. Dans tous les cas non prévus par la loi spéciale, les principes du droit commun doivent lui être opposés, comme la Cour de cassation l'a maintes fois affirmé au sujet même des droits d'enregistrement (2 août 1843, *J. E.* 13392; 15 juill. 1851, *J. E.* 15247; 3 mai 1854, *J. E.* 15873; 27 juill. et 14 déc. 1870, *J. E.* 18946, 18948, 18965; 2 déc. 1873, *J. E.* 19398; 28 juill. 1875, *J. E.* 19912 (1)). On peut remarquer d'ailleurs que le législa-

---

(1) Les seules dispositions que la loi du 22 frimaire an VII consacre à l'administration de la preuve, pour la recherche des droits, concernent

teur, quand il a voulu autoriser la régie à appuyer ses prétentions sur des documents n'émanant pas nécessairement des parties, a posé des règles explicites (art. 3 et 9 de la loi du 28 févr. 1872).

L'arrêt du 27 juin 1883 a été souvent présenté par la Régie comme celui qui a posé le plus explicitement le principe que nous combattons. Elle a donné la publicité au mémoire ampliatif qui lui a permis de l'obtenir [1], et elle ne manque aucune occasion de répéter qu'il a magistralement confirmé et précisé une règle qui sert si bien ses visées. On pourrait objecter que les faits de la cause laissaient transparaître des manœuvres ayant un *caractère frauduleux incontestable*, et que, dans ces conditions, les présomptions étaient admissibles, dans l'espèce, pour ce motif spécial. Il faut bien reconnaître cependant que la Cour suprême a négligé de mettre ce point en relief et qu'elle a reproduit, en thèse générale, ses affirmations précédentes sur l'admission en notre matière, de présomptions basées sur des *documents quelconques*, parvenus à la connaissance de l'Administration. Ce sont toujours des affirmations sans motifs à l'appui.

La même observation s'impose à propos des arrêts du 20 novembre 1889 et du 19 juillet 1892, dont la formule

---

exclusivement les mutations de propriété, d'usufruit ou de jouissance d'immeubles, les insuffisances de prix dans les actes translatifs d'immeubles à titre onéreux, et les insuffisances d'évaluation du revenu des immeubles transmis à titre gratuit ou par décès. La loi ne s'explique pas sur les moyens de découvrir les omissions ainsi que les insuffisances d'évaluations mobilières dans les déclarations de succession.

(1) *Journ. Enregistrement,* n° 22126.

doctrinale reste identique aux précédentes, et aussi générale, bien que, dans le premier cas, la Cour eût pu éviter d'étendre sa déclaration de principes, le document invoqué comme base de présomptions émanant des intéressés.

VI

A côté et en dehors de ces insuffisantes affirmations, produites par la Cour suprême, est-il possible de faire valoir du moins de juridiques motifs à l'appui de ses décisions?

Il en est un, indiqué par quelques arrêtistes et que M. Wahl, le savant professeur, n'a pas manqué de relever au cours d'un résumé de la jurisprudence (S. 1890.1, note de la page 353; V. aussi *eod. lib.* p. 232 la note). La Régie, ne pouvant en sa qualité de tiers, administrer la preuve directe des faits (art. 1348 C. civ.) aurait la faculté, dit-on, de se servir de tous les modes de preuve même des présomptions, surtout quand elles ont pour base une déclaration émanant de la partie elle-même puisque « *la Cour va jusqu'à admettre,* ajoute M. Wahl, *que des* « *déclarations émanant d'un tiers peuvent servir d'éléments* « *d'appréciation* ». (Cf. Dalloz, *Rép. alph.,* v° *Obligations,* n°ˢ 4738, 4878, 4954; *Rép. supp., eod. verbo,* n° 1991).

La Cour de cassation n'a jamais donné ce motif à l'appui de ses arrêts, croyons-nous, malgré le désir évident, montré par l'Administration dans ses mémoires, de lui voir adopter un argument qui lui semblait devoir mettre les décisions rendues en sa faveur à l'abri de toute critique possible (V. *Journ. Enreg.*, année, 1883, p. 474 et 480, art. 22126 *cit. sup.*, § VII et XII du mémoire de l'Administration).

Nous estimons que la Cour suprême a sagement fait de ne pas se rendre à ce désir.

En dehors des cas où il s'agit de prouver une simulation frauduleuse, est-il exact de dire que la Régie, considérée *comme tiers*, a toujours et dans tous les cas, le droit d'invoquer des preuves indirectes, vu l'impossibilité où elle se trouve de produire une démonstration écrite directe des faits juridiques qu'elle invoque?

Nous ne pensons pas qu'un principe aussi dangereux doive être consacré dans ces termes absolus. Fût-elle admise d'ailleurs, cette règle ne saurait être générale. Il ne faut pas perdre de vue que l'impossibilité où un plaideur prétend se trouver de rapporter une preuve écrite des faits juridiques qu'il allègue, doit être elle-même et avant tout démontrée : « Quelle qu'elle soit, a-t-on dit avec « raison, *l'impossibilité* doit être prouvée, et, à défaut de « l'offre de cette preuve, l'art. 1348 est inapplicable, c'est- « à-dire que la partie qui invoque l'impossibilité n'est « pas recevable à user de la preuve testimoniale ». (Dalloz, *Rép. alp. supp.*, v° *Obligations*, n° 1989; Cf. Req. 9 janv. 1888, D. P. 1888.1.487).

Il serait véritablement excessif d'établir à cet égard une présomption légale constante d'impossibilité en faveur de la Régie.

C'est d'ailleurs tout autrement qu'il faut, à notre avis, envisager la question et nous contestons que les expressions de *tiers* et de *parties* soient de tous points appli-

cables à la situation dans laquelle se trouvent respective-
ment les contribuables et la Régie.

Il ne faut pas oublier, en effet, quelles sont les bases
des droits d'enregistrement. Il s'agit d'un impôt à perce-
voir et d'un service public à rendre aux contractants et
aux tiers. « L'enregistrement, disait Portalis dans son dis-
« cours sur le projet du Code civil, offre à la fois le bien
« de la finance et celui des citoyens; il assure la vérité des
« contrats et des actes entre particuliers [1] ». C'est une
taxe, variété de la contribution indirecte, « prix de la pro-
« tection sociale accordée à la propriété naturelle et civile
« dans ses transmissions [2] », « c'est un instrument de
« sécurité pour les citoyens dont il assure les conventions
« et protège les intérêts, grâce à la formalité tutélaire dont
« il est le *salaire* [3]», — et c'est une formalité, engendrant
la taxe, consistant dans la relation sur un registre public
ou des feuilles isolées de l'extrait d'un acte ou d'une déclaration des parties.

Dès lors, du moment que les droits d'enregistrement
peuvent être considérés comme le prix des dépenses faites
par l'État et des services particuliers rendus aux citoyens
par la protection de la propriété et par conséquent des
personnes propriétaires, ils constituent une obligation tout
autant *conventionnelle* que légale. Ce n'est pas nous qui
employons ce mot pour les besoins de la discussion : il a
été prononcé par d'autres [4], et très exactement, à notre

---

(1) Locré, t. I, p. 308.
(2) D. A., v° *Enregistrement*, n° 75.
(3) Pandectes belges, v° *Droits d'enregistrement*, n° 4.
(4) Pandectes belges, v° *Enregistrement,* n° 2.

avis, pour définir les rapports dont nous cherchons à établir la nature exacte. Par conséquent, l'Administration est un créancier direct, agissant sans intermédiaire contre son débiteur. La qualification de tiers ne peut donc lui être appliquée.

Il y a, d'autre part, certaines considérations qui doivent intervenir ici.

On a souvent dit, avec beaucoup de raison, qu'un des motifs qu'avaient fait exclure la preuve testimoniale en matière d'enregistrement, était le désir d'éviter les inconvénients d'une discussion publique intéressant une des grandes administrations de l'État [1]. C'est reconnaître que la Régie, demanderesse en perception ou défenderesse en restitution, n'est pas un plaideur ordinaire, luttant pour faire triompher un intérêt privé contre un autre intérêt privé. Elle représente au contraire les droits de la société, imposant une contribution aux particuliers, c'est-à-dire qu'elle agit dans l'intérêt de la collectivité contre un membre de cette collectivité. Dans ces conditions, s'il est nécessaire de lui conserver son autorité en proscrivant la publicité de ses discussions, il est évident qu'il n'est pas moins indispensable de sauvegarder les intérêts des individus en fermant leurs foyers aux investigations inquisitoriales des fonctionnaires, que l'histoire ni les traditions du droit fiscal n'appuyent d'ailleurs d'aucun précédent [2]. On a beaucoup écrit sur les graves inconvénients de l'impôt sur les revenus établi d'après un contrôle vexatoire et estimatif

---

(1) V. *Revue du notariat,* art. 6748.
(2) V. Dalloz, *Rép. pér.*, 1846, 1, 321, note 1.

des fortunes exigé par l'Administration. Ces inconvénients résultent tout autant de l'admission abusive de simples présomptions en notre matière. En d'autres termes, il faut reconnaître que s'il y a des moyens de preuve tout à fait interdits à la Régie (preuve testimoniale), il en est d'autres, comme les présomptions, qu'il ne faut lui laisser manier, pour des motifs analogues, non seulement que dans les cas où les particuliers pourraient le faire, mais encore avec une nuance de retenue commandée par son rôle d'Administration publique.

Aussi bien, quand l'impôt unique d'enregistrement, qui, contrairement à la transcription, n'avait aucune base certaine dans l'antiquité[1], malgré des ressemblances fortuites d'organisation [2], fut substitué aux taxes de l'ancien régime par la loi de 1790, le législateur n'entendait pas faire naître une lutte sourde, et basée sur des probabilités, entre le contribuable et l'État. En créant cette imposition, « la plus « noble, la plus délicate (et la plus ardue) de nos institu- « tions financières, la seule qui, intimement liée au droit « civil, touche aussi de tous côtés, par son caractère élevé « et ses tendances scientifiques, à la philosophie et à l'éco- « nomie politique [3] », il se déclarait plein de confiance dans la loyauté des *citoyens régénérés* [4]. Si la loi organique de l'an VII, combattue vivement d'ailleurs au Conseil des Anciens, comme contenant une foule de dispositions vexa-

---

(1) Sauf peut-être chez les Égyptiens.

(2) V. Grande Encyclopédie, v° *Enregistrement*, p. 1096.

(3) Pandectes belges, v° *Droits d'enregistrement,* n° 3.

(4) Dictionnaire des Rédacteurs, 3e édit., v° *Enregistrement,* n° 24.

toires, renferme quelques mesures d'application « inju-
« rieuses même pour les personnes qu'elles n'atteignent
« pas [1] », il n'en est pas moins vrai que l'intention formelle
du législateur a été d'éviter en général les procédés vexa-
toires et inquisitoriaux, et en particulier les jugements
motivés par de simples présomptions.

Rappelant la manière dont les droits sur les successions
mobilières ont été établis, MM. Championnière et Rigaud
ont très bien mis ce point en lumière à propos des déclarations estimatives requises des parties au sujet des valeurs
mobilières transmises par décès : « Ces droits, disent-ils,
« n'existaient pas sous l'ancienne législation. De graves
« objections s'élevaient contre leur établissement. Laisser
« pénétrer le fisc dans l'intérieur des familles, lui permettre
« de venir discuter avec les héritiers la valeur souvent idéale
« et d'affection des objets mobiliers transmis était chose
« impossible... Le principe de l'impôt paraissait alors une
« grande concession... Si, à cette époque, on avait parlé de
« présomptions abandonnées au juge, on aurait sans doute
« plutôt repoussé le principe que de donner aux agents du
« fisc tant de moyens de vexation ». Et, faisant observer
que le législateur a édicté un système organisé de toutes
pièces au sujet des immeubles, les savants auteurs en arri-
vent même à douter que le droit commun soit applicable à
l'estimation des meubles : « Peut-on admettre, continuent-
« ils, qu'il y ait eu oubli du législateur, et lorsqu'il pre-
« nait soin de sortir, sans nécessité, des règles du droit
« commun pour les immeubles, voulait-il abandonner

----

(1) Championnière et Rigand, *Traité*, n° 7.

« les preuves pour les meubles à ces règles dangereu-
« ses...? » (*Traité des droits d'enregistrement,* Supplément,
n° 1024).

M. Demante s'exprime à son tour en ces termes : « Les
« procédés du droit commun, quant à la preuve, seraient
« ici pleins de danger : ce serait entre l'Administration et
« les contribuables une cause perpétuelle d'irritation et
« de scandale. Le législateur a reculé devant ces inconvé-
« nients. L'interrogatoire, le serment, la preuve testimo-
« niale, *les présomptions de fait,* tout cela, en règle géné-
« rale, est incompatible avec les lois de l'enregistrement ».
(*Principes de l'enregistrement,* t. II, n° 767).

Nous n'allons pas aussi loin que ces divers auteurs, puisque
nous admettons en principe les présomptions de l'homme
en matière d'enregistrement. Mais nous avons voulu citer
les termes énergiques de leurs protestations pour accen-
tuer le mal fondé d'une jurisprudence qui dépasse les li-
mites imposées par la loi, en accueillant abusivement les
présomptions en dehors des cas où elles sont autorisées.

Le grand argument des adversaires de ces saines idées
consiste dans la nécessité de combattre et de déjouer les
manœuvres de toutes sortes qu'emploient les contribuables
pour se soustraire aux droits. On invoque l'opinion des
Feudistes, de d'Aguesseau, etc. [1]. Mais on ne sait pas se
garder d'une confusion. Toutes les citations sont en effet
relatives aux manœuvres *frauduleuses.* Or, nous avons pris
soin de mettre à part nettement les cas de fraude dans

---

(1) *Dictionnaire des réducteurs,* 3ᵉ édit., v° *Présomptions,* nᵒˢ 90, 91 et
suiv.

lesquels la loi autorise d'ailleurs positivement et sans restriction l'emploi des présomptions. Nous n'entendons faire porter nos observations que sur les cas normaux, sur les hypothèses ou, *toute imputation de fraude étant écartée,* la Régie prétend faire admettre de simples présomptions pour établir des insuffisances d'estimation ou de déclaration de la part des contribuables. Dans des cas de ce genre, nous persistons à penser que la jurisprudence que nous nous sommes permis de critiquer viole l'esprit et le texte même de la loi.

www.ingramcontent.com/pod-product-compliance
Ingram Content Group UK Ltd.
Pitfield, Milton Keynes, MK11 3LW, UK
UKHW020130080726
13614UKWH00005B/2158